# 5

구약

# 선지자와 왕

# 가스펠 프로젝트

## 구약 5

# 선지자와 왕

저학년

지은이 | LifeWay Kids
옮긴이 | 권혜신
감　수 | 김도일 · 김병훈 · 이희성

초판 발행 | 2017. 11. 7
2판 1쇄 발행 | 2024. 1. 17
등록번호 | 제1988-000080호
등록된 곳 | 서울특별시 용산구 서빙고로65길 38
발행처 | 사단법인 두란노서원
영업부 | 02) 2078-3352, 3452, 3752, 3781
　　　　FAX　080-749-3705
편집부 | 02) 2078-3437

표지디자인 | 더그램
활동연구 | 김찬숙 · 이경선 · 이다솔 · 한승우 · 홍선아

책값은 뒤표지에 있습니다.
ISBN　978-89-531-2957-3　04230 / 978-89-531-2698-5(세트)

홈페이지 | gospelproject.co.kr
두란노몰 | mall.duranno.com

## The Gospel Project
## for Kids

is published quarterly by LifeWay Christian Resources,
One LifeWay Plaza, Nashville, TN 37234, Thom S. Rainer, President
© 2016 LifeWay Christian Resources
Translated and used by permission of LifeWay Christian Resources

This Korean translation edition © 2017 by Duranno Ministry,
38, Seobinggo-ro 65-gil, Yongsan-gu, Seoul, Republic of Korea
Published by arrangement with LifeWay Christian Resources

## 차례

### 1단원 계시하시는 하나님

# 엘리야가
# 악한 아합을
# 꾸짖었어요

열왕기상 18장

**주제**

유일하신 참 하나님이 바알의 선지자들 앞에서
자신을 나타내셨어요.

**가스펠 링크**

하나님의 아들이신 예수님은 예수님을 믿고
의지하는 사람들을 죄에서 구원하기 위해
피 흘리고 죽으셨어요.

**성경의 초점**

하나님 외에 다른 신이 있나요?
오직 하나님 한 분만이
우리의 예배를 받으실 참 신이세요.

아합은 가짜 신 바알을 섬긴 북 이스라엘의 나쁜 왕이었어요. 엘리야는 바알의 선지자들과 대결을 벌였어요. 바알은 진짜 신이 아니기 때문에 선지자들의 제단에 불을 붙이지 못했어요. 유일하신 참 하나님이 엘리야의 제단에 불을 붙여 바알의 선지자들 앞에서 자신을 나타내셨어요.

# 불을 내려 주신 하나님!

빨강색, 주황색 테두리를 따라 선을 그리며
히브리서 *1장 1~2 상반절 말씀을 완성해 보세요.

여러 모양으로

통하여

여러 부분과

아들을

선지자들을

우리 조상들에게

우리에게

말씀하신

마지막에는

통하여

말씀하셨으니

옛적에

히브리서

하나님이

이 모든 날

1장 1~2절

★ 이후 히브리서 1장 1~2절로
표기합니다.

# 하나님 vs 바알

유일하신 참 하나님은 누구일까요? 질문에 알맞은 답에 ○표 해 보세요.

1. 아합은 하나님의 명령을 저버리고 누구를 따랐나요?

**아합**

**바알**

**이세벨**

2. 엘리야가 하나님이나 바알에게 무엇을 구해 보자고 제안했나요?

3. 바알의 선지자들은 바알에게 얼마나 오래 제사를 지냈나요?

**하루**

**일주일**

**한 달**

4. 엘리야는 제단을 쌓을 때 몇 개의 돌을 사용했나요?

5. 엘리야는 제단에 무엇을 두어 불이 붙는 것을 어렵게 만들었나요?

7

하나님을 제일 소중하게 생각하지 못하도록
방해하는 것은 무엇인가요?

글로 쓰거나 그림으로 표현해 보세요.

---

**가족과 이야기해요**

- 바알의 선지자들은 왜 자기 몸에 상처를 내고 제단 주위를 돌며 춤을 추었나요?
- 하나님이 우리의 기도를 들으시게 하려면 어떻게 해야 할까요?
- 하나님은 우리를 위해 어떤 적들을 물리치셨나요?

**가족과 활동해요**

- 가족과 함께 점토를 이용해 화덕을 만들어 보세요. 하나님이 엘리야의 제단에 어떻게 불을 붙이셨는지 이야기를 나누어 보세요.
- 하나님이 제단의 돌까지 모두 태워 버리셨다는 사실을 듣고, 어떤 생각이 드는지 이야기를 나누어 보세요.
- 함께 읽을 말씀 : 역대상 19장; 시편 66편, 69편

# 엘리야가 이세벨을 피해 도망쳤어요

STORY 2

열왕기상 19장

**주제**

하나님은 엘리야에게 부드럽고 조용한 소리로
자신을 드러내셨어요.

**가스펠 링크**

위대한 선지자이신 예수님은
하나님의 말씀을 전하고 가르친다는 이유로
미움을 받고 죽임을 당하셨어요.

**성경의 초점**

하나님 외에 다른 신이 있나요?
오직 하나님 한 분만이
우리의 예배를 받으실 참 신이세요.

선지자 엘리야가 가짜 신 바알을 물리치자 이세벨이 그를 죽이려고 했어요. 엘리야는 도망쳐 동굴에 숨었어요. 하나님은 엘리야에게 부드럽고 조용한 소리로 자신을 드러내셨어요.

# 하나씩 하나씩 하나님의 뜻 찾기

91쪽의 암송 카드를 오려 아래 표시한 곳에 붙이고, 빈칸에 적힌 흐린 글씨를 따라 써 보세요. 카드를 넘겨 빈칸을 채워 히브리서 1장 1~2절 말씀을 완성해 보세요.

옛적에

통하여

여러 모양으로

말씀하신

이 모든 날

아들을

우리에게

히브리서

☐☐☐ 들을

여러 부분과

우리 조상들에게

☐☐☐ 이

마지막에는

통하여

☐☐ 하셨으니

1장 1~2절

# 하나님은 어디에 계실까?

엘리야를 산으로 부르신 하나님은 어디에 계실까요?
그림에 숨어 있는 물건 7개를 찾아 ○표 해 보세요.

# 포기하고 싶었지만 끝까지 포기하지 않았던 적이 있나요?

그 경험을 그림이나 글로 표현해 보세요.

---

- 하나님은 왜 바람이나 지진, 불이 아니라 부드럽고 조용한 소리로 자신을 드러내셨을까요?
- 하나님이 사람들에게 자신을 드러내시는 방법에는 어떤 것들이 있나요?
- 두려울 때나 용기가 사라질 때도 하나님이 우리를 돌보신다는 사실을 어떻게 알 수 있나요?

- 종이컵 2개와 실을 이용해 '전화기'를 만들어 보세요(컵의 바닥에 구멍을 뚫은 뒤, 구멍에 실을 넣고 양 끝을 매듭지어 컵을 서로 연결하세요). 전화기를 들고 실이 팽팽해지도록 멀리 떨어져 소곤거리는 소리로 이야기해 보세요.
- 함께 읽을 말씀 : 사무엘하 11~12장; 시편 32편, 103편, 122편

# 하나님이 나아만을 고쳐 주셨어요

열왕기하 5장

**주제**

하나님이 엘리사를 통해 나아만의 병을
고쳐 주셨어요.

**가스펠 링크**

모든 사람은 죄라는 죽을병에 걸려 있어요.
예수님만이 우리를 고쳐 주실 수 있어요.

**성경의 초점**

하나님 외에 다른 신이 있나요?
오직 하나님 한 분만이
우리의 예배를 받으실 참 신이세요.

　나아만은 한센병으로 고통받고 있었어요. 나아만의 여종이 하나님의 선지자 엘리사에 대해 이야기해 주었어요. 나아만은 선물을 가득 싣고 엘리사를 찾아 갔어요. 하지만 요단강에 몸을 일곱 번 씻으라는 말에 실망하고 말았어요. 그러나 나아만이 순종하자, 하나님은 나아만의 병을 고쳐 주셨어요.

# 가스펠 프로젝트

빈칸을 채우고 불가위바위보 게임을 통해 '다시 오실 그리스도'에
먼저 도착하세요. 91쪽 가스펠 프로젝트 마크를 오려 게임 말로 사용하세요.

## 불가위바위보 게임

'불'은 '가위바위보'를 이길 수 있고,
다섯 번만 낼 수 있어요. 동시에 '불'을 내면 비기게 되어요.
(이기면 2칸 이동, 지면 1칸 이동)

불! 가위! 바위! 보!

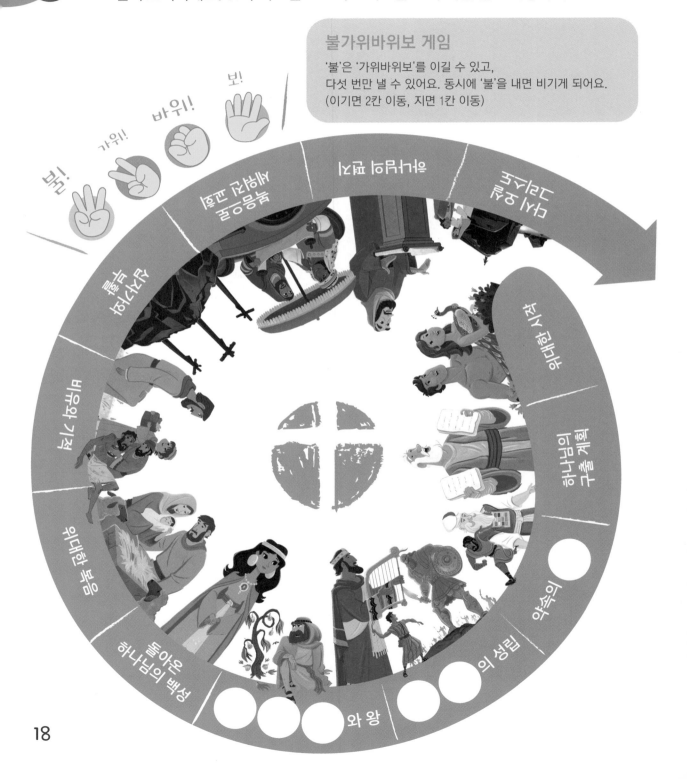

은혜로운 교회
예수님을 따르는 훈련
하나님 나라의 교회

다시 오실
그리스도

위대한 시작

하나님의 주신 율법

약속의

의 성립

와 왕

돌아온
하나님의 백성

위대한 복음

비유와 기적

성전의 타락

# · · ·
# 이랬던 나아만이!

한센병에 걸린 나아만의 표정과 병이 나은 나아만의 표정을 그리고
나아만이 어떤 말을 했을지 적어 보세요.

## 아는 사람 중에 아픈 사람을 떠올려 보세요.

그 사람을 위해 하나님께 드리는 기도문을 써 보세요.

- 나아만의 여종은 왜 나아만에게 엘리사 이야기를 해 주었나요?
- 엘리사의 지시를 들은 나아만은 왜 기분이 나빴을까요?
- 우리는 어떻게 죄를 용서받을 수 있나요?

- 주변에 아픈 사람이 있는지 살펴보세요. 가족과 함께 아픈 사람을 방문해 음식을 대접하거나 병이 낫도록 기도해 주세요.
- 함께 읽을 말씀 : 사무엘하 15장; 시편 3편, 55편

# 하나님이 이사야를 부르셨어요

이사야 6장

**주제**

이사야가 영광 중에 계신 거룩하신
하나님을 보았어요.

**가스펠 링크**

하나님이 얼마나 거룩한 분인지 알게 되면
우리의 죄가 얼마나 큰지 깨닫게 되어요.
하나님은 우리의 죄를 없애기 위해 아들이신
예수님을 보내셨어요. 우리의 구원은 오직
예수님 안에만 있어요.

**성경의 초점**

하나님 외에 다른 신이 있나요?
오직 하나님 한 분만이
우리의 예배를 받으실 참 신이세요.

하나님이 이사야를 부르셨고 그는 영광 중에 계신 거룩하신 하나님을 보았어요. 하나님의 영광을 본 이사야는 자신의 죄를 깨달았어요. 한 스랍이 뜨거운 숯을 가져다 이사야의 입술에 대었어요. 하나님이 이사야의 죄를 용서하셨지요. 하나님은 이사야에게 하나님의 백성에게 말씀을 외치는 임무를 맡기셨어요.

### 이사야처럼 외쳐요!

같은 색깔의 기호와 단어를 연결하여 히브리서 1장 1~2절 말씀을
완성해 보세요. 선은 겹치면 안 되고, 모든 칸을 이용해야 해요.

옛적에 [        ] 들을 통하여

여러 부분과 여러 [        ] 으로 우리 조상들에게

[        ] 하신 하나님이 이 모든 [    ] 마지막에는

[        ] 을 통하여 [        ] 에게 말씀하셨으니

히브리서 1장 1~2절

**<보기>**

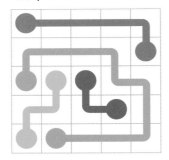

| | | | | | |
|---|---|---|---|---|---|
| ⬤ | 우리 | | ⬤ | ⬤ | 모양 |
| | | ⬤ | | | |
| ⬤ | | | 선지자 | | |
| | | | | ⬤ | 말씀 |
| | | 아들 | | 날 | |
| | | | | | |

# 하나님은 거룩해요

미로를 통과하며 찾은 단어를 알맞게 조합하여 문장을 완성해 보세요.

속에　　영광　　우리와　함께

이사야가　중에　높이　계신

보좌에　거룩하신

앉으신　하나님을

만났어요　보았어요

.............................................................................

.............................................................................

25

# 하나님은 우리에게도 하나님의 말씀을 전하게 하실까요?

하나님이 나를 어디로 보내 하나님의 말씀을 전하게 하실지 그림이나 글로 표현해 보세요.

- 이사야는 하나님 앞에 서는 것이 왜 두려웠을까요?
- 하나님의 영광은 어떤 모습일까요?
- 오늘의 성경 이야기는 예수님의 이야기와 어떤 점이 비슷할까요?

| 가족과<br>**활동해요** | • 가족과 함께 어떻게 복음을 전할 수 있을지 이야기를 나누어 보세요. 가족 단위로 참여<br>할 수 있는 전도나 봉사 활동 기회를 찾아보고 함께 참여해 보세요.<br>• 함께 읽을 말씀 : 사무엘하 18장; 시편 26편, 41편, 62편 |
| --- | --- |

# 이사야가 메시아에 대해 외쳤어요

STORY 5

이사야 53장

**주제**

하나님은 이사야를 통해 메시아가
고난받는 종이 될 것이라고 말씀하셨어요.

**가스펠 링크**

예수님은 자기를 믿는 사람들을 용서받게
하시려고 이 땅에 오신 하나님의 종이에요.

**성경의 초점**

하나님 외에 다른 신이 있나요?
오직 하나님 한 분만이
우리의 예배를 받으실 참 신이세요.

하나님은 이 땅에 오실 메시아에 관한 말씀을 이사야에게 들려주셨어요. 이사야는 메시아에 대해 외쳤어요. 메시아는 사람들의 죄 때문에 벌을 받을 거예요. 그리고 이사야는 메시아를 죽임당하는 양에 비유했어요. 하나님은 메시아가 고난받는 종이 될 것이라고 말씀하셨어요.

# 이사야의 예언

빈칸을 채워 하나님이 이사야에게 하신 말씀을 완성해 보세요.
구약에서 이사야가 예언한 내용이
신약에 어떻게 이루어졌는지 알맞게 연결해 보세요.

하나님은 [　][　][　] 을(를) 통해 [　][　][　] 이(가)

[　][　] 받는 [　] 이(가) 될 것이라고 말씀하셨어요.

---

… 그는 멸시를 받아
사람들에게 버림받았으며 …
우리도 그를 귀히 여기지
아니하였도다 …

이사야 53장 3절

---

… 그가 징계를 받으므로
우리는 평화를 누리고
그가 채찍에 맞으므로
우리는 나음을 받았도다 …

이사야 53장 5절

---

… 여호와께서는
우리 모두의 죄악을
그에게 담당시키셨도다

이사야 53장 6절

---

누가복음 23장 33절

… 예수를 십자가에 못 박고 …

요한복음 19장 1~3절

… 예수를 데려다가
채찍질하더라 …

누가복음 4장 28~29절

… 동네 밖으로 쫓아내어 …
산 낭떠러지까지 끌고 가서 밀쳐
떨어뜨리고자 하되 …

# 예수님은 어떤 모습일까?

각 그림에서 예수님에게 잘 어울릴 것 같은 물건을 고르세요.
선택한 물건에 각각 예수님의 모습을 그려 보세요.

31

보물
상자

### 주변에 고통받는 사람을 떠올려 보세요.

고통받는 사람들을 도울 수 있는 방법은 어떤 것들이 있을지 적어 보세요.

가족과
**이야기해요**

- 메시아는 왜 다른 사람들의 죄 때문에 벌을 받았나요?
- 누가 메시아인가요? 그 사실을 어떻게 알 수 있나요?
- 사람들이 예수님을 받아들이지 않는 이유는 무엇일까요?

가족과
**활동해요**

- 사람들은 언제 다가올 일을 알고 싶어 하는지 가족과 함께 이야기해 보세요. (운동 경기 전에, 날씨가 궁금할 때 등) 그런 예측과 이사야의 예언은 어떻게 다른지에 대해서도 이야기를 나누어 보세요.
- 함께 읽을 말씀 : 사무엘하 19장, 23장; 시편 42편

# 히스기야는 남 유다의 신실한 왕이었어요

열왕기하 18~19장

**주제**

하나님이 히스기야의 기도에 응답하셨어요.

**가스펠 링크**

예수님은 죽으시고 부활하심으로
사람들을 죄와 죽음에서 구원하셔서
하나님께 영광을 돌리셨어요.

**성경의 초점**

하나님 외에 다른 신이 있나요?
오직 하나님 한 분만이
우리의 예배를 받으실 참 신이세요.

아시리아 사람들이 예루살렘을 공격하러 왔어요. 그들은 떠나지 않고 히스기야에게 협박 편지를 보냈어요. 히스기야는 하나님께 하나님의 백성을 적에게서 구원해 모든 사람이 여호와가 진짜 하나님이신 것을 알게 해달라고 기도했어요. 하나님은 히스기야의 기도를 들어주셨어요.

## 나침반

## ∴ 번호를 찾으면

숫자 암호를 풀어 글자를 찾아보세요.
빈칸을 채워 히브리서 1장 1~2절 말씀을 완성해 보세요.

옛적에 ☐ ☐ ☐ 들을 통하여
　　　1　6　14

여러 ☐ ☐ 과 여러 ☐ ☐ 으로
　　3　8　　　　4　9

우리 조상들에게 ☐ ☐ 하신 ☐ ☐ ☐ 이
　　　　　　　17　7　　　11　18　2

이 모든 날 마지막에는 ☐ ☐ 을 통하여
　　　　　　　　　　15　20

우리에게 말씀하셨으니 히브리서 1장 1~2절

| 1 선 | 2 님 | 3 부 | 4 모 | 5 막 |
|---|---|---|---|---|
| 6 지 | 7 씀 | 8 분 | 9 양 | 10 이 |
| 11 하 | 12 틈 | 13 든 | 14 자 | 15 아 |
| 16 할 | 17 말 | 18 나 | 19 지 | 20 들 |

36

# 히스기야에게 온 편지

아시리아왕이 히스기야에게 보낸 편지를 완성해 보세요.
(열왕기하 19장 10~11절 참조)

 _____왕에게

하나님이 무엇이라고  _____하시든지 간에,

속지 마라! 하나님은 당신을 구원하지 않을 것이며

다른 어떤 신들도  _____로부터

남 유다를 구하지 못할 것이다.

내가 여러 나라의 모든 땅을 다  _____한 것같이

나는 예루살렘도 파괴할 것이다.

**아시리아왕 산헤립으로부터**

만약 내가 이런 편지를 받았다면 어떤 답장을 쓸지 아래에 적어 보세요.

...................................................................................................................

...................................................................................................................

탐험
하기

37

# 하나님이 꼭 들어주셨으면 하는 기도 제목이 있나요?

하나님께 도움을 구하는 편지를 써 보세요.

- 히스기야가 아시리아왕에게 금과 은을 주어 돌려보내려고 한 것은 왜 나쁜 일이었나요?
- 아시리아 사람들은 무엇을 믿고 의지하나요?
- 우리는 누구를 믿고 의지해야 하나요?

가족과
**활동해요**

- 가족끼리 서로에게 격려의 편지를 써 보세요. 우리에게 가장 큰 힘이 되는 소식인 복음을 서로 이야기해 주세요.
- 함께 읽을 말씀 : 시편 97편; 역대상 21~22장

# 하나님이 호세아를 통해 북 이스라엘에 사랑을 전하셨어요

호세아 1~14장

**주제**

하나님은 사랑받을 자격이 없는 사람도 사랑하세요.

**가스펠 링크**

호세아가 신실하지 않은 아내 고멜을 포기하지 않았던 것처럼 하나님은 하나님의 백성을 포기하지 않는 사랑으로 끝까지 사랑하세요. 그 증거는 바로 예수님이에요.

**성경의 초점**

하나님은 어떤 분이신가요? 하나님은 노하기를 더디하시고 사랑과 긍휼이 풍성하신 분이세요.

하나님은 호세아에게 자신을 사랑하지 않는 여자와 결혼하라고 하셨어요. 하나님은 호세아의 가족을 통해 하나님이 언제나 하나님의 백성을 사랑하시며 그들에게 먼저 다가오신다는 것을 보여 주셨어요. 하나님은 사랑받을 자격이 없는 사람도 사랑하세요.

나침반

## 포기하지 않는 사랑

미로를 통과하며 찾은 단어를 빈칸에 넣어 요엘 2장 13절 말씀을 완성해 보세요.

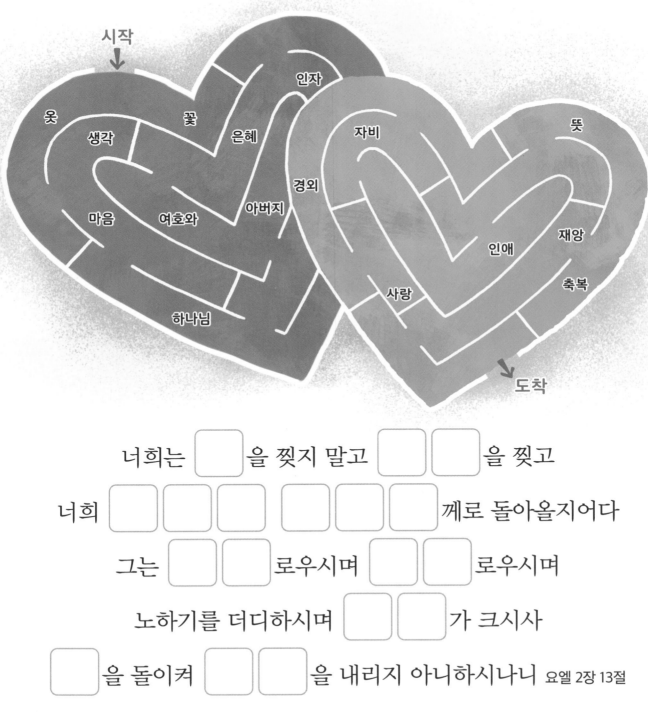

너희는 ☐ 을 찢지 말고 ☐ ☐ 을 찢고

너희 ☐ ☐ ☐ ☐ ☐ ☐ 께로 돌아올지어다

그는 ☐ ☐ 로우시며 ☐ ☐ 로우시며

노하기를 더디하시며 ☐ ☐ 가 크시사

☐ 을 돌이켜 ☐ ☐ 을 내리지 아니하시나니 요엘 2장 13절

42

# 호세아와 고멜

호세아는 고멜을 얼마나 사랑했나요?
서로 다른 부분 6군데를 찾아 ○표 해 보세요.

사랑을 표현하는 것은
참 어려운 일이에요.

사랑하는 사람에게 어떻게 사랑을 표현할지 그림이나 글로 표현해 보세요.

가족과
**이야기해요**

· 다른 사람을 사랑하기 힘들 때는 언제인가요?

· 하나님은 우리를 향한 하나님의 사랑을 어떻게 보여 주시나요?

· 하나님은 우리를 사랑하는 일을 그만두지 않으신다는 것을 알게 된 기분이 어떤가요?

가족과
**활동해요**

• 가족과 함께 하트 모양 쿠키를 만들어 이웃들에게 나누어 주세요. 호세아의 이야기에
  나오는 하나님의 사랑에 대해 이야기를 나누어 보세요.

• 함께 읽을 말씀 : 시편 108~109편; 역대상 23장

45

# 하나님이 요나를 통해 니느웨에 사랑을 전하셨어요

요나 1~4장

하나님이 니느웨 사람들을 불쌍히 여기셨어요.

**가스펠 링크**

요나는 니느웨에 가서 죄에서 돌아서라고 외치라는 하나님의 명령에 마지못해 순종했어요. 그러나 예수님은 하나님의 뜻에 따라 세상을 향해 회개하라고 외치시고, 우리를 죄에서 구원하기 위해 십자가에서 죽기까지 순종하셨어요.

**성경의 초점**

하나님은 어떤 분이신가요? 하나님은 노하기를 더디하시고 사랑과 긍휼이 풍성하신 분이세요.

하나님은 니느웨의 죄를 경고하려고 요나를 보내셨어요. 하지만 요나는
다시스로 도망쳤고, 하나님은 폭풍과 큰 물고기를 보내 요나에게 순종할
기회를 주셨어요. 요나는 니느웨에 하나님의 말씀을 선포했어요. 하나님은
자신들의 죄를 회개하는 니느웨 사람들을 용서하시고 구원하셨어요.

## 요나의 흔적을 찾아라

지도를 보고 요나 이야기의 사건 순서대로 빈칸에 알맞은 번호를 쓰고
각 상황에서 요나가 어떤 말을 했을지 말풍선에 적어 보세요.

로마

다시스

# 요나는 어디로?

동물들이 어딘가로 뛰어가고 있어요. 요나는 어디로 가고 있을까요?
생각나는 장면의 요나를 그려 보세요. 여러 장면을 그려도 좋아요.

니느웨

지중해

욥바

이스라엘

49

주변에 하나님의 자비와 사랑이
필요한 사람이 있나요?

떠오르는 사람을 생각하며 기도문을 적어 보세요.

- 요나는 왜 니느웨로 가지 않고 반대 방향으로 가는 배를 탔나요?
- 하나님은 왜 니느웨 사람들에게 자비를 베푸셨나요?
- 하나님은 어떤 모습으로 우리에게 자비를 베푸시나요?

# 하나님이 요엘을 통해 남 유다에 사랑을 전하셨어요

요엘 1~3장

**주제**

하나님은 하나님의 백성에게 여호와의 날이
이르기 전에 회개하라고 경고하셨어요.

**가스펠 링크**

여호와의 날은 하나님이 온 세상을
바로잡으시는 날이에요. 하나님은 우리에게
예수님을 보내셨어요. 예수님을 믿고 의지하는
사람은 하나님의 벌을 피할 거예요.

**성경의 초점**

하나님은 어떤 분이신가요?
하나님은 노하기를 더디하시고 사랑과
긍휼이 풍성하신 분이세요.

남 유다 백성은 하나님을 잊고 죄를 지으며 살았어요. 하나님은 하나님의 백성에게 그들의 죄를 깨닫게 하려고 메뚜기 떼를 보내셨어요. 하지만 그들은 자신들의 죄를 깨닫지 못했어요. 하나님은 요엘을 통해 여호와의 날이 이르기 전에 회개하라고 경고하셨어요.

# 하나님은 어떤 분일까?

보기 에서 알맞은 단어를 골라 요엘 2장 13절을 완성해 보세요.

너희는 ☐을 찢지 말고 ☐☐을 찢고

너희 하나님 ☐☐☐께로 돌아올지어다

그는 ☐☐로우시며 ☐☐로우시며

노하기를 더디하시며 ☐☐가 크시사

☐을 돌이켜 ☐☐을 내리지 아니하시나니

요엘 2장 13절

보기

옷    마음    여호와    자비
은혜    인애    뜻    재앙

54

## 몇 밤 자면 될까?

앞으로 어떤 일들이 일어날까요? 질문에 알맞은 날짜를 써 보세요.
그때까지 얼마나 남았는지 계산해 보세요.

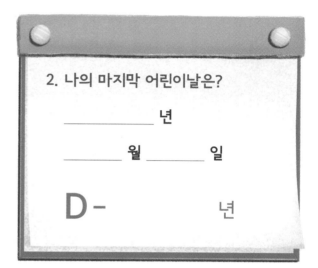

1. 나의 20번째 생일은?

_____ 년

_____ 월 _____ 일

D - _____ 년

2. 나의 마지막 어린이날은?

_____ 년

_____ 월 _____ 일

D - _____ 년

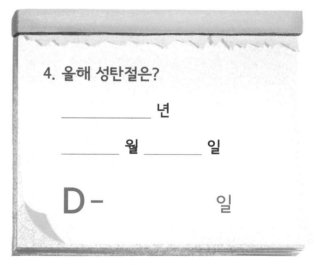

3. 중학교 입학 날짜는?

_____ 년

_____ 월 _____ 일

D - _____ 년

4. 올해 성탄절은?

_____ 년

_____ 월 _____ 일

D - _____ 일

5. 예수님이 다시 오시는 날 나는 무엇을 하고 있을까?

...............................................................................................................................

...............................................................................................................................

보물
상자

심판의 날이 다가오는 것을
사람들에게 알리는 광고를 만들어 보세요.

예수님은 다시 오셔서 세상을 심판하시고 모든 것을 새롭게 하실 거예요.

가족과
**이야기해요**

- 하나님은 왜 여호와의 날이 이르기 전에 하나님의 백성이 회개하기를 바라셨나요?
- 우리는 어떻게 여호와의 날을 대비해야 할까요?
- 예수님을 믿는 사람에게도 여호와의 날은 무서운 날일까요? 왜 그렇게 생각하나요?

가족과
**활동해요**

- 해시계를 만드는 법을 인터넷으로 찾아, 가족과 함께 만들어 보세요. 어떤 일이 일어나는 데 걸리는 시간을 해시계로 측정해 보세요. 예수님이 다시 오시기를 기다리는 이유에 대해 이야기를 나누어 보세요.
- 함께 읽을 말씀 : 시편 112~113편, 115편; 열왕기상 1장; 시편 37편

# 하나님이 예레미야를 부르셨어요

예레미야 1장

**주제**

하나님이 하나님의 말씀을 전하는 선지자로
예레미야를 택하셨어요.

**가스펠 링크**

하나님은 예레미야를 불러 죄에 대한 하나님의
말씀을 전하게 하셨어요. 하나님은 처음부터
그들을 죄에서 구원할 계획을 갖고 계셨어요.
하나님은 아들이신 예수님을 보내 하나님이
어떤 분인지 사람들에게 보여 주셨어요.

**성경의 초점**

우리는 왜 하나님께 순종해야 하나요?
하나님이 우리를 사랑하시기 때문이에요.

하나님이 예레미야를 선지자로 부르셨어요. 예레미야는 하나님의 선지자가 되기에는 자신이 너무 어리다고 생각했어요. 하나님은 예레미야에게 두 가지 환상을 보여 주셨어요. 첫 번째 환상은 하나님이 하나님의 일을 반드시 이루신다는 의미였어요. 두 번째 환상은 북쪽의 왕들이 남 유다를 공격할 것이라는 뜻이었어요.

# 말씀을 찾아서

체스 게임에서 '비숍'이라는 말은 대각선으로만 움직일 수 있어요. 비숍을 움직여
빈칸에 들어갈 단어를 찾아 예레미야 31장 33절 말씀을 완성해 보세요.

그 날 후에 내가 ☐ ☐ ☐ ☐ 집과

맺을 ☐ ☐ 은 이러하니 곧 내가 나의 ☐ 을

그들의 속에 두며 그들의 ☐ ☐ 에 기록하여

나는 그들의 ☐ ☐ ☐ 이 되고 그들은

내 ☐ ☐ 이 될 것이라 ☐ ☐ ☐ 의 말씀이니라

예레미야 31장 33절

| 말씀 | 역사 | 성령 | 마음 | 은사 | 아멘 | 찬양 | 계획 |
|---|---|---|---|---|---|---|---|
| 물건 | 헌금 | 영광 | 지혜 | 성읍 | 환상 | 성막 | 기도 |
| 이방인 | 요엘 | 예언 | 여호와 | 성호 | 나라 | 신약 | 슬픔 |
| 성경 | 큰소리 | 방언 | 별 | 백성 | 응답 | 불의 | 선물 |
| 물건 | 율법 | 바람 | 빵 | 만나 | 하나님 | 머리 | 제물 |
| 사랑 | 믿음 | 언약 | 겸손 | 마음 | 지식 | 천사 | 예레미야 |
| 남유다 | 이스라엘 | 미디안 | 법 | 블레셋 | 이집트 | 바빌로니아 | 선지자 |
| 출발 | 왕국 | 만민 | 약속 | 부르심 | 율례 | 구원 | 왕 |

# 무엇이 될까요?

각 동물의 알이 자라 어떤 모습이 될지 알맞게 연결해 보세요.
예레미야는 하나님이 선지자로 부르셨을 때, 자신이 너무 어리다고 생각했어요.
두려워하는 예레미야에게 격려의 편지를 써 보세요.

예레미야에게

보물
상자

하나님은 나를 어떤 일에
어떤 모습으로 사용하실까요?

그림이나 글로 표현해 보세요.
하나님은 하나님의 뜻을 위해 나이와 상관없이 우리를 사용하세요.

가족과
**이야기해요**

- 하나님의 계획에 참여할 수 있는 사람은 누구인가요?
- 하나님은 언제 예수님을 보낼 계획을 세우셨나요?
- 하나님은 나에 대해 어떤 계획을 갖고 계실까요?

- 부모님의 어릴 적 사진을 보며 하나님이 부모님의 인생에 어떻게 함께하셨는지 이야기를 들어 보세요. 가족들의 삶 속에서 하나님이 역사하신 모습에 대해 함께 이야기를 나누어 보세요.
- 함께 읽을 말씀 : 시편 119편 1~40절; 열왕기상 3~4장

# 예레미야가 새 언약에 대해 예언했어요

예레미야 17장 1~10절; 31장 31~34절

**주제**

하나님은 예레미야에게 새 언약에 대해 선포하라고 하셨어요.

**가스펠 링크**

예레미야는 하나님이 죄를 용서하시고 사람들의 마음을 새롭게 바꾸실 것이라고 예언했어요. 예수님이 이 말씀을 이루셨어요.

**성경의 초점**

우리는 왜 하나님께 순종해야 하나요? 하나님이 우리를 사랑하시기 때문이에요.

예레미야는 남 유다가 언약을 깨뜨리는 죄를 저질렀다고 말했어요. 병든 우리 마음은 자신을 속여 죄가 없는 것처럼 느낄 수 있다고도 했어요. 훗날 하나님은 사람들에게 새 마음을 주시고, 그 마음에 하나님의 법을 쓰셔서 하나님께 순종할 수 있게 될 것이라는 새 언약을 주셨어요.

## 알쏭달쏭 말씀을 찾아라!

문자 암호를 풀어 예레미야 31장 33절 말씀을 완성해 보세요.

그 _____ 후에 내가 이스라엘 집과

맺을 _____ _____은 이러하니 곧 내가 나의 _____을

그들의 속에 두며 그들의 _____ _____에 기록하여

나는 그들의 _____ _____ _____이 되고 그들은

내 _____ _____이 될 것이라 여호와의 말씀이니라

예레미야 31장 33절

# 거꾸로 거꾸로

그림을 돌리면 다른 얼굴이 보여요.
실제와 다르게 보이는 착시 현상처럼 우리의 마음도 잘못된 것을 믿을 때가 있어요.
어떤 마음의 소리가 하나님과 멀어지게 할까요?

'죄'는 하나님의 말씀에서 벗어나는 것이에요.
하나님의 말씀에서 벗어나 지은 죄가 있나요?

그림이나 글로 표현해 보세요.

예수님을 믿고 죄를 고백하면
모든 죄를 깨끗하게 해 주세요.

가족과
이야기해요

- 하나님의 법을 마음에 쓴다는 것은 무슨 뜻일까요?
- 새 언약이 옛 언약보다 좋은 이유는 무엇인가요?
- 새 언약을 이루신 분은 누구인가요?

가족과
**활동해요**

- 가족과 함께 예레미야 17장 7~8절을 읽어 보세요. 이 말씀의 의미에 대해 이야기를 나누어 보세요.
- 함께 읽을 말씀 : 시편 119편 137~176절; 아가 1~2장

# 남 유다 백성이 포로로 잡혀갔어요

STORY 12

역대하 36장 1~21절

**주제**

남 유다의 죄 때문에 하나님은 그들을
바벨론의 포로로 쫓겨나게 하셨어요.

**가스펠 링크**

하나님은 아들이신 예수님에게 우리가 지은
죄의 벌을 대신 받게 하시고
그분을 영원한 왕이 되게 하셨어요.

**성경의 초점**

우리는 왜 하나님께 순종해야 하나요?
하나님이 우리를 사랑하시기 때문이에요.

남 유다 백성은 계속해서 하나님께 죄를 지었어요. 하나님은 바벨론 사람들이 쳐들어와 남 유다의 왕을 잡아가고 하나님의 성전에서 많은 보물을 빼앗아 가도록 내버려 두셨어요. 하나님은 남 유다가 그들의 죄 때문에 포로로 쫓겨나게 하셨어요.

# 둘 중에 무엇이 맞을까?

알맞은 단어를 골라 ○표 하고 예레미야 31장 33절을 완성해 보세요.

그 날 / 때 후에

내가 이스라엘 집과 맺을 약속 / 언약 은 이러하니

곧 내가 나의 법 / 율례 을 그들의 속 / 안 에 두며

그들의 마음 / 머리 에 기록하여

나는 그들의 하나님 / 예수님 이 되고

그들은 내 백성 / 자녀 이 될 것이라

여호와의 말씀이니라

예레미야 31장 33절

## 왜 포로가 되었을까?

그림 속에서 숨은 단어들을 찾아 문장을 완성해 보세요.

☐☐☐의 ☐ 때문에

☐☐☐은 그들을

☐☐☐의 ☐☐가 되어

☐☐☐☐ 하셨어요.

남 유다

하나님

포로

죄

나쁜 선택을 한 결과 어려움을
겪은 적이 있나요?

그 경험을 글이나 그림으로 표현해 보세요.

- 하나님은 남 유다 백성이 포로로 잡혀가기 전에 어떻게 경고하셨나요?
- 하나님은 왜 우리가 죄를 지어도 포로로 잡혀가게 하지 않으실까요?
- 누가 우리 대신 벌을 받았나요?

<table>

가족과
**활동해요**

- 가족과 함께 깃발 찾기 게임을 해 보세요. 남 유다 백성의 포로 생활과 예수님이 우리 대신 벌을 받으신 것에 대해 이야기를 나누어 보세요.
  (깃발 찾기 게임: 2팀으로 나누어 상대방의 영역에 있는 깃발을 찾아온 팀이 이깁니다.)
- 함께 읽을 말씀 : 아가 7~8장; 잠언 1장, 3장

# 에스겔이 앞날의 소망을 이야기했어요

에스겔 37장

**주제**

하나님은 하나님의 백성을 다시 고향으로
데려와 새 삶을 살게 하실 계획을 세우셨어요.

**가스펠 링크**

하나님은 에스겔에게 죽은 사람을 살리는
하나님의 능력을 보여 주셨어요. 하나님은
예수님을 죽은 자들 가운데서 살리셨고,
우리에게 영원한 생명을 주세요.

**성경의 초점**

우리는 왜 하나님께 순종해야 하나요?
하나님이 우리를 사랑하시기 때문이에요.

하나님은 에스겔에게 하나님의 백성에 관한 두 가지 환상을 보여 주셨어요. 첫 번째 환상에서는 마른 뼈들이 살아났어요. 두 번째 환상에서는 막대기 두 개가 하나가 되었어요. 하나님은 하나님의 백성을 다시 고향으로 데려와 새 삶을 살게 하실 계획을 세우셨어요.

## 마른 뼈가 살아나요!

뼈 그림 암호를 풀어 예레미야 31장 33절 말씀을 완성해 보세요.

그 날 후에

내가  집과 맺은  은 이러하니

곧 내가 나의  을 그들의 속에 두며

그들의  에 기록하여

나는 그들의  이 되고

그들은 내  이 될 것이라

여호와의 말씀이니라

예레미야 31장 33절

암호

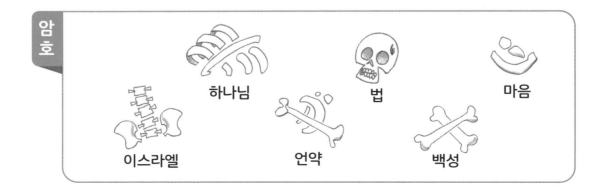

하나님

법

마음

이스라엘

언약

백성

# 마른 뼈 미로

마른 뼈 골짜기를 지나 목적지까지 안전하게 도착해 보세요.
골짜기를 지나면서 찾은 문장을 아래 빈칸에 적어 보세요.

79

지금 다른 나라에 포로로 잡혀 있다고 상상해 보세요.
포로가 되기 전의 생활을 생각할 때, 무엇이 가장 그리울까요?

떠오르는 생각을 그림이나 글로 표현해 보세요.

가족과
**이야기해요**

· 하나님은 포로로 잡혀 있는 하나님의 백성을 위해 어떤 계획을 세우셨나요?
· 우리는 어떤 점에서 마른 뼈와 같나요?
· 우리는 어떻게 해야 새로운 삶을 누릴 수 있을까요?

가족과
**활동해요**

- 가족들의 모습을 뼈 모양으로 그려 보세요. '하나님의 새 약속' 찬양을 부르며, 마른 뼈와 같은 상태에 있는 사람들을 예수님이 어떻게 살리시는지 이야기를 나누어 보세요.
- 함께 읽을 말씀 : 잠언 5장, 8~10장

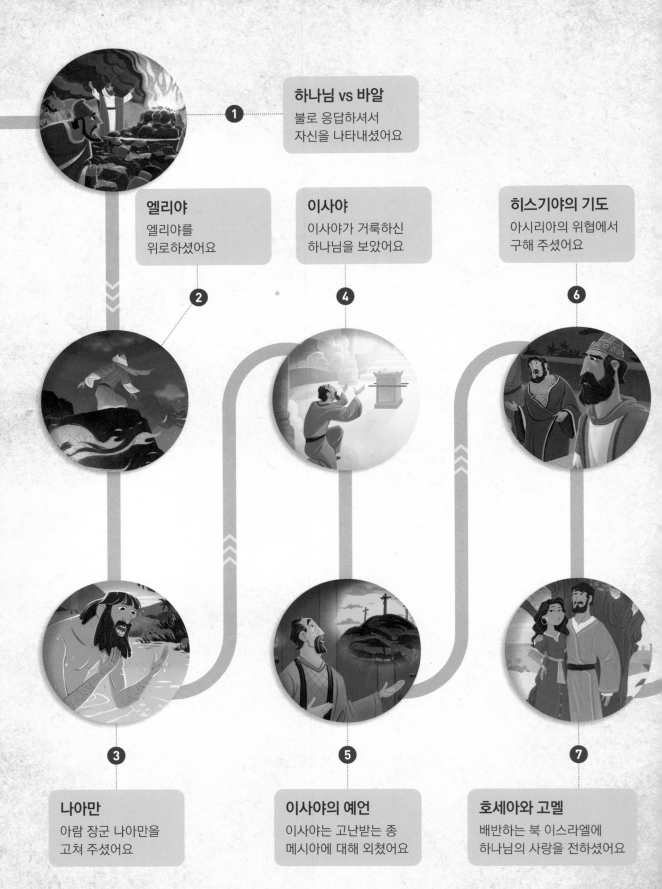

**하나님 vs 바알**
불로 응답하셔서
자신을 나타내셨어요

**1**

**엘리야**
엘리야를
위로하셨어요

**2**

**이사야**
이사야가 거룩하신
하나님을 보았어요

**4**

**히스기야의 기도**
아시리아의 위협에서
구해 주셨어요

**6**

**나아만**
아람 장군 나아만을
고쳐 주셨어요

**3**

**이사야의 예언**
이사야는 고난받는 종
메시아에 대해 외쳤어요

**5**

**호세아와 고멜**
배반하는 북 이스라엘에
하나님의 사랑을 전하셨어요

**7**

**요나**
니느웨에 하나님의
메시지를 전하게 하셨어요

❽

**예레미야**
어린 예레미야를
부르셨어요

❿

**남 유다의 멸망**
바벨론의 포로가
되었어요

⓬

**요엘**
하나님이 남 유다에
메뚜기 떼를 보내셨어요

❾

**새 언약**
예레미야가 새 언약에
대해 예언했어요

⓫

**에스겔**
에스겔이 마른 뼈 환상으로
앞날의 소망을 예언했어요

⓭

# 첫 시작, 우리 반은요!

우리 반 선생님과 친구들에 대해 알아 가요.
서로 질문하여 빈칸을 채우고, 친구에게 재미있는 별명을 지어 주세요.

이름 ....................................................
학교 ....................................................
연락처 ....................................................
### 내가 지은 별명

이름 ....................................................
학교 ....................................................
연락처 ....................................................
### 내가 지은 별명

이름 ....................................................
학교 ....................................................
연락처 ....................................................
### 내가 지은 별명

이름 ....................................................
학교 ....................................................
연락처 ....................................................
### 내가 지은 별명

.................................... 반

.................................... 선생님

이름 ....................................................
학교 ....................................................
연락처 ....................................................
### 내가 지은 별명

이름 ....................................................
학교 ....................................................
연락처 ....................................................
### 내가 지은 별명

이름 ....................................................
학교 ....................................................
연락처 ....................................................
### 내가 지은 별명

이름 ....................................................
학교 ....................................................
연락처 ....................................................
### 내가 지은 별명

1단원
계시하시는 하나님

가스펠 프로젝트

구약
5
선지자와 왕

온 가족을 가족 활동
메시지 카드

1. 엘리야가 악한 아합을 꾸짖었어요
왕상 18장

2. 엘리야가 이세벨을 피해 도망쳤어요
왕상 19장

3. 하나님이 나아만을 고쳐 주셨어요
왕하 5장

4. 하나님이 이사야를 부르셨어요
사 6장

1. 엘리야가 아힙 아합을 꾸짖었어요.

주제 유일하신 참 하나님이 바알의 선지자들 앞에서 자신을 나타내셨어요.

기스펠링크 가짜 신 바알을 섬기던 사람들은 자기들이 바알을 사랑한다는 것을 보이기 위해 죽기까지 했어요. 하나님은 그런 가짜 신과는 달라요. 하나님은 사랑을 나타내시기 위해 하나님의 아들 우리 주 예수님을 보내셨어요. 예수님은 우리를 믿고 의지하는 사람들을 죄에서 구원하기 위해 피 흘리고 죽으셨어요.

성경의 초점 하나님 외에 다른 신이 있나요?
오직 하나님 한 분만이 우리의 예배를 받으실 참 이
세요.
암송 히 1:1~2상

---

4. 하나님이 이사야를 부르셨어요

주제 이사야가 영광 중에 계시 거룩하신 하나님을 보았
어요.

기스펠링크 이사야는 환상을 통해 하나님의 영광을 보고 자신의 죄를 깨달았어요. 하나님은 이사야의 죄를 용서해 주셨어요. 우리도 이사야처럼 하나님 앞에 나 거룩한 분인지 알게 되면 우리의 죄가 얼마나 크지 깨닫게 되어요. 하나님을 보며 우리의 죄를 없앴 아들이신 예수님을 보내 주셨어요. 우리의 구원은 오직 예수님 안에 있어요.

성경의 초점 하나님 외에 다른 신이 있나요?
오직 하나님 한 분만이 우리의 예배를 받으실 참 이
세요.
암송 히 1:1~2상

---

1단원 암송

옛적에 선지자들을 통하여 여러 부분과
여러 모양으로 우리 조상들에게 말씀하신
하나님이 이 모든 날 마지막에는
아들을 통하여 우리에게 말씀하셨으니

히 1:1~2상

구약5 '선지자와 왕'에 담긴 기스펠

하나님은 엘리야, 이사야, 호세아, 요나, 요엘, 예레미 야 및 에스겔과 같은 선지자들의 삶과 메시지를 통해 하나님의 사랑과 신실하심을 백성에게 가르쳐 주셨어요. 선지자들은 하나님의 말씀을 전하고기 위해 조직과 하 나님은 백성들은 그들을 포로 생활로 내몰 때에도 하 나님은 빼앗긴 성을 포기하지 않으셨습니다. 하나님 은 노하기를 더디하시며 인애와 자비, 긍휼이 풍성하 신 분이십니다. 이것은 구원자 예수님을 보내 백성을 구하시려는 계획을 통해 드러납니다.

부모님께 : 메시지 카드에는 아이들이 배울 성경 이야 기를 되새기며 적용할 수 있는 가족 활동 등이 담겨 있습니다. 그럼 그때 성경 이야기를 회상하고고 성경 본문을 찾아 함께 읽으며 가족과 묵상을 나누어 보세 요. 카드의 그림을 함께 색칠하며 성경의 흐름을 기억할 수 있는 단서 가 될 것입니다.

---

3. 하나님이 나아만을 고쳐 주셨어요

주제 하나님이 엘리사를 통해 나아만의 병을 고쳐 주셨
어요.

기스펠링크 한센병에 걸린 나아만은 하나님의 엘리사 를 통하여 하나님의 말씀에 따라 요단강에서 몸을 씻고 병이 나았어요. 우리도 모든 사람은 죄라는 죽을병에 걸려 있어요. 예수님만이 우리를 고칠 수 있어요. 우리가 예수 님을 주님과 구원자로 믿고 의지할 때 하나님은 우리 의 죄를 용서하시고 구원을 약속하셨어요.

성경의 초점 하나님 외에 다른 신이 있나요?
오직 하나님 한 분만이 우리의 예배를 받으실 참 이
세요.
암송 히 1:1~2상

---

2. 엘리야가 아세를 피해 도망쳤어요.

주제 하나님은 엘리야에게 부드럽고 조용한 소리로 자신
을 드러내셨어요.

기스펠링크 하나님의 말씀을 선포하는 선지자 엘리야 는 지진을 해치려는 자들의 공격을 받았어요. 엘리야 의 인생은 예수님을 가리키고 있어요. 위대한 선지자 이신 예수님도 하나님의 말씀을 전하고기지만고 그런데 이 으로 마음을 받고 죽임을 당하셨어요.

성경의 초점 하나님 외에 다른 신이 있나요?
오직 하나님 한 분만이 우리의 예배를 받으실 참 이
세요.
암송 히 1:1~2상

# 2단원

## 포기하지 않으시는 하나님

**9. 하나님이 요셉을 통해 남 유다에 사랑을 전하셨어요**
욜 1~3장

**8. 하나님이 요나를 통해 니느웨에 사랑을 전하셨어요**
욘 1~4장

**6. 히스기야는 남 유다의 신실한 왕이었어요**
왕하 18~19장

**7. 하나님이 호세아를 통해 북 이스라엘에 사랑을 전하셨어요**
호 1~14장

**5. 이사야가 예수님에 대해 외쳤어요**
사 53장

2단원 암송

너희는 옷을 찢지 말고 마음을 찢고
너희 하나님 여호와께로 돌아올지어다
그는 은혜로우시며 자비로우시며
노하기를 더디하시며 인애가 크시사
뜻을 돌이켜 재앙을 내리지 아니하시나니
욜 2:13

---

5. 이사야가 메시아에 대해 외쳤어요.

주제 하나님은 이사야를 통해 메시아이신 자기 종이
될 것이라고 말씀하셨어요.

가스펠 링크 예수님이 우리의 죄 때문에 죽
으신 것은 모두 하나님의 계획대로 이루어진 일이에
요. 예수님이 태어나기 700년 전부터, 이사야 선지자
를 통해 사람들을 향한 계획을 말씀하셨고, 예수님은 자기
를 믿는 사람들을 죄와 죽음에서 구원하시려고 이 땅에 오신 하
나님의 종이에요.

성경의 초점 하나님 외에 다른 신이 있나요?
오직 하나님 한 분만이 우리의 예배를 받으실 참 신이세
요.

암송 히 1:1~2상

---

6. 히스기야는 남 유다의 신실한 왕이었어요.

주제 하나님은 히스기야의 기도에 응답하셨어요.

가스펠 링크 히스기야는 하나님의 백성을 구원해
달라고 하나님께 기도했어요. 예수님도 그의 백
성이 구원받기 위해 하나님께 기도하셨어요, 은 세상의
수많은 기도를 들어주셨어요. 예수님도 그의 백
성을 위해 기도하시고, 예수님은 죽으시고 부
활하심으로 사람들을 죄와 죽음에서 구원하신 하나
님께 영광을 돌리셨어요.

성경의 초점 하나님 외에 다른 신이 있나요?
오직 하나님 한 분만이 우리의 예배를 받으실 참 신이
세요.

암송 히 1:1~2상

---

7. 하나님이 호세아를 통해
북 이스라엘에 사랑을 전하셨어요.

주제 하나님은 사랑받을 자격이 없는 사람도 사랑하세요.

가스펠 링크 하나님은 호세아에게 부정한 아내를 통해 하
나님의 백성이 하나님께 얼마나 부정했는지 보여 주셨
어요. 그리고 죄인을 순종했어요, 믿 훗날 하나님은 자
기 사랑으로 호세아는 진짜 모습을 고멸을 기꺼이
되찾아 사랑해 주셨어요, 하나님은 우리를 향한 사
하지않는 같은 사랑으로 끝까지 사랑하세요, 그 증기
는 바로 예수님이에요.

성경의 초점 하나님은 어떤 분이신가요?
하나님은 노하기를 더디하시고 사랑과 긍휼이 풍성하
신 분이세요.

암송 욜 2:13

---

8. 하나님이 요나를 통해 니느웨에 사랑을 전하셨어요.

주제 하나님이 니느웨에 사람들을 불쌍히 여기셨어요.

가스펠 링크 하나님은 요나에게 니느웨로 가라고 하셨
어요, 그리고 죄인이 순종했어요, 먼 훗날 하나님은 자
기 사랑하는 사람들에게 예수님을 보내 회개를 외치도록
하셨어요, 예수님은 순종하게 십자가에 죽으셨
은 우리를 죄에서 구원하시기 위해 십자가에서 죽으셨
어요.

성경의 초점 하나님은 어떤 분이신가요?
하나님은 노하기를 더디하시고 사랑과 긍휼이 풍성하
신 분이세요.

암송 욜 2:13

---

9. 하나님이 요엘을 통해 남 유다에 사랑을 전하셨어요.

주제 하나님은 하나님의 백성에게 여호와의 날이 이르
기 전에 회개하라고 경고하셨어요.

가스펠 링크 요엘은 하나님의 백성이 여호와의 날이
다가오고 있다고 경고했어요, 자기 백성을 향한 하나님의
을 선포하시고 경고해 주시며, 은 세상
결국은 심판하시는 날이에요, 하나님은 우리에게 예수님
을 보내주셨고, 예수님을 믿는 사람을 하나
님의 벌을 피할 기회를, 예수님이 우리 대신 벌을 받으
셨고, 예수님을 노가 우리의 죄가 되었기 때문이에요,

성경의 초점 하나님은 어떤 분이신가요?
하나님은 노하기를 더디하시고 사랑과 긍휼이 풍성하
신 분이세요.

암송 욜 2:13

# 3단원
## 새롭게 하시는 하나님

### 11. 예레미야가 새 언약에 대해 예언했어요
렘 17:1~ 10; 31:31-34

들러보기

• 주제 : 각 과의 핵심 줄거리를 파악할 수 있습니다.
• 기소별링크 : 성경 이야기에 담긴 복음을 발견하게 합니다. 모든 성경 이야기는 그리스도와 연결됩니다.
• 성경의 초점 : 본문과 관련된 성경의 중심 주제를 단위 형식으로 정리한 문장입니다. 단원의 성경의 초점을 이해하며 성경의 흐름을 이해하게 합니다.
• 암송 : 단원의 핵심 메시지가 담긴 성경 구절입니다.

### 10. 하나님이 예레미야를 부르셨어요
렘 1장

### 13. 에스겔이 앞날의 소망을 이야기했어요
겔 37장

### 12. 남 유다 백성이 포로로 잡혀갔어요
대하 36:1-21

89

11. 예레미야가 새 언약에 대해 예언했어요

주제 하나님은 예레미야에게 새 언약에 대해 선포하라고 하셨어요.

가스펠 링크 예레미야는 하나님이 죄를 용서하시고 사람들의 마음을 새롭게 바꾸실 어떤 날에 관해 이야기했어요. 예수님이 이 말씀을 이루셨어요. 하나님은 하나님의 아들 예수님을 통해 죄를 용서하시고, 그리고 성령님을 통해 우리를 새롭게 하시고 하나님의 말씀에 순종할 힘을 주세요.

성경의 초점 우리는 왜 하나님께 순종해야 하나요?
하나님이 우리를 사랑하시기 때문이에요.

암송 렘 31:33

---

가스펠 프로젝트

---

10. 하나님이 예레미야를 부르셨어요

주제 하나님은 하나님의 말씀을 전하는 선지자로 예레미야를 택하셨어요.

가스펠 링크 하나님은 예레미야가 태어나기 전부터 예레미야를 위한 계획을 갖고 계셨고, 예레미야를 불러 죄에 관한 하나님의 말씀을 전하게 하셨어요. 하나님은 오래전부터 아들을 보내신 예수님을 보내 주고, 그를 믿으신지 사람들에게 보여 주고, 그래서 하나님에서 구원할 계획을 갖고 계셨어요.

성경의 초점 우리는 왜 하나님께 순종해야 하나요?
하나님이 우리를 사랑하시기 때문이에요.

암송 렘 31:33

---

13. 에스겔이 앞날의 소망을 이야기했어요

주제 하나님은 하나님의 백성을 다시 고향으로 데려와 새 삶을 살게 하실 계획을 세우셨어요.

가스펠 링크 하나님은 에스겔에게 마른 뼈로 가득 찬 골짜기를 보여 주셨어요, 마른 뼈들은 죽은 우리의 모습을 생각나게 해요. 하나님은 에스겔에게 마른 뼈를 살아나게 하셨어요, 하나님의 능력을 보여요. 우리는 신자기에서 하나님이 죽으셨어요, 우리는 죄인들을 구하려고 하나님이 보내신 예수님을 죽은 자들 가운데서 살리신 것처럼, 우리에게 영원한 생명을 주세요.

성경의 초점 우리는 왜 하나님께 순종해야 하나요?
하나님이 우리를 사랑하시기 때문이에요.

암송 렘 31:33

---

12. 남 유다 백성이 포로로 잡혀갔어요

주제 남 유다의 죄 때문에 하나님은 그들을 바빌론의 포로가 되어 종살이하게 하셨어요.

가스펠 링크 하나님이 하나님의 백성의 죄를 벌하시는 것은 당연한 일이에요. 그런데도 하나님은 약속을 지키셨어요. 다 하나님은 하나님의 아들이신 예수님을 통해 모든 죄를 받하시고, 예수님을 영원한 왕으로 삼으셨어요.

성경의 초점 우리는 왜 하나님께 순종해야 하나요?
하나님이 우리를 사랑하시기 때문이에요.

3단원 암송
그날 후에 내가 이스라엘 집과
맺을 언약은 이것이라 이러하니
곧 내가 나의 법을 그들의 속에 두며
그들의 마음에 기록하여
나는 그들의 하나님이 되고
그들은 내 백성이 될 것이라
렘 31:33

12쪽

선지자들을

여러 부분과

우리 조상들에게

하나님이

마지막에는

통하여

말씀하셨으니

1장 1~2절

18쪽

옛적에

통하여

여러 ☐☐ 으로

 ☐☐ 하신

이 모든 날

☐☐ 을

우리에게

히브리서